50 Stichworte für

# Eine Trennung mit Herz

von Akzeptanz bis Zukunft

.

S. B.

50 Stichworte für

# Eine Trennung mit Herz

von Akzeptanz bis Zukunft

Bibliografische Information der Deutschen Nationalbibliothek. Die Deutsche Nationalbibliothek verzeichnet diese Publikation in der Deutschen Nationalbibliografie; detaillierte bibliografische Daten sind im Internet über http://dnb.dnb.de abrufbar.

Satz, Umschlaggestaltung, Herstellung und Verlag:
BoD – Books on Demand, Norderstedt

ISBN 978-3-7526-9756-8

Es dauerte eine Weile, bis ich mich an dieses Buchprojekt gewagt habe. Aus etwas Distanz, zeitlicher, und mit nicht mehr so emotionalem Blick gelang es mir nun, das, was vor wenigen Jahren noch Wunschdenken war, mit den gemachten Erfahrungen abzugleichen und das Resultat herauszufiltern und niederzuschreiben. Ich wusste, dass wir trotz Trennung immer Familie respektive Eltern bleiben würden. Und ich, wie auch mein Ex-Mann, hatten unsere klaren Vorstellungen davon, wie wir unser Leben nach der Trennung führen wollten, zusammen mit den Kindern. Und zwar nicht an Örtlichkeiten oder Objekte gebunden, sondern aus rein emotionaler, familiärer und freundschaftlicher Sicht.

Bei einer Trennung wird meistens mindestens ein Herz gebrochen und sehr viel Geschirr zerschlagen. Zwei Menschen sind aus Liebe, Freundschaft, mit Respekt und Zuversicht zusammengekommen. Sie haben über Jahre viel miteinander erlebt, vielleicht eine Familie gegründet und sicher viele schöne Erinnerungen. All das gerät leider viel zu schnell in Vergessenheit. Dann wird nur noch zerstört und eine ganze Familie und noch mehr Gefühle an die Wand gefahren. Erst recht wenn Kinder involviert sind – egal welchen Alters –, darf das nicht geschehen! Jeder Erwachsene sollte sich überlegen, was sein Ziel ist;

noch mehr Wut und Trauer oder eventuell ein konstrukti-
ves „Miteinander"? Es muss unbedingt die Paar- von der
Elternebene getrennt werden. Auch wenn du dem Vater
oder der Mutter der gemeinsamen Kinder nicht mehr viel
Sympathie entgegenbringen kannst, weil du betrogen
oder verletzt wurdest, kann genau diese Person dennoch
ein fürsorglicher Vater oder eine liebende Mutter sein. Es
braucht viel Stärke, Geduld und die Kraft, den Weg, der
vor dir liegt, nicht aus Rache zu begehen, sondern immer
mit dem Ziel, das Bestmögliche für alle aus der Situation zu
machen. Ich versuche, dir hier in kurzen Kapiteln, einfach
formuliert, den Weg an dieses Ziel etwas zu erleichtern.

Ich widme dieses Buch jenen, die am meisten von unserer
Trennung getroffen wurden; meine beiden unglaublichen
Kindern, die mir gezeigt haben, dass sie in schwierigen
Zeiten über sich hinauswachsen können. Meinem Ex-
Mann, denn ohne ihn hätten wir diese Zeit nicht so kon-
struktiv durchlaufen können. Meiner Mutter, die trotz ihres
hohen Alters eine unglaubliche Stütze war und von ihrem
Verständnis für die jungen Generationen ich mir eine Rie-
senscheibe abschneiden kann. Und der ganzen restlichen
Familie sowie allen geduldigen, toleranten und liebevollen
Menschen, die mich und uns als Familie auf diesem Weg

begleitet haben und heute immer noch an unserer Seite sind.

*Über mich: Ich bin am 22. Oktober 1964 in Zürich geboren und wohne beinahe mein halbes Leben am Zürichsee. Dass ich trotz der Kinder arbeiten wollte, war für mich immer klar, und über diese Entscheidung bin ich heute sehr froh. Der Ausgleich zwischen Familie und Beruf ist gewährleistet und eine persönliche und finanzielle Selbstständigkeit hilft dir in allen Lebenslagen.*

AKZEPTANZ

Du bist dir sehr klar über deine familiäre und partnerschaftliche Situation und weißt, dass eine Trennung im Raum steht oder bereits im Gange ist. Du bist dir auch bewusst, dass es dir nichts bringt, dagegen anzukämpfen. Das raubt dir Energie und bringt dich von deinem Weg ab. Die Akzeptanz deiner Situation verhilft dir zu weniger Schmerz und Trauer. Akzeptieren heißt aber nicht resignieren. Du nimmst die Situation, wie sie ist, an und versuchst, das Beste daraus zu machen.

Den Anwalt schon nur zu erwähnen, kann nach Rosenkrieg tönen, soll aber gar nicht so sein. Da ich mich rechtlich zu wenig auskenne, habe ich mich für eine Anwältin entschieden. Mit ihr habe ich die ganze Angelegenheit besprochen. Sie hat langjährige Erfahrung, hat mir aufgezeichnet, was passieren kann, aber nicht muss. Ich wusste, was mir rechtlich zusteht, worauf ich achten soll und was ich besser unterlasse. So wurden viele meiner Fragen und Unsicherheiten früh aus dem Weg geräumt. Ich bekam einen Überblick, was mich im schlechtesten Fall erwarten könnte. Mit dieser Basis bist du in der Lage, mit deinem Ex-Partner eine gute Lösung für beide zu finden. Denn je erbitterter der Kampf um etwas, was dir vermeintlich zusteht, umso größer der Widerstand deines Gegenübers. Und das ist definitiv ein schlechter Weg zu gehen. Ich war während der Trennung lediglich zweimal bei meiner Anwältin; mehr war nicht nötig.

Beleidigungen geschehen leider sehr schnell, wenn man verletzt ist oder sich nicht mehr zu wehren weiß. Dein Gegenüber fühlt sich höchstens noch bestätigt in seinem Tun, wenn du dich nicht mehr unter Kontrolle hast. Meist bereust du kurz darauf, was du gesagt hast und vor allem wie. Die Beleidigungen werden zurückkommen, oder aber der andere hat keine Lust mehr, sich mit dir zu befassen und zu unterhalten. Das Einzige, was da hilft, ist Distanz. So kannst du dich wieder beruhigen, tief durchatmen und versuchen, konstruktiv und nicht schreiend zu kommunizieren. Überlege dir einmal; vielleicht möchtest du ja wissen, WIESO ihr an diesen Punkt gelangt seid? Aber vor allem: Bist du sicher an einer guten Lösung für alle Beteiligten interessiert oder nicht? Und auch hier – mit Sachlichkeit, Klarheit und Ruhe kommst du am schnellsten ans Ziel. Und wenn du dir darüber hinaus beweisen kannst, dass du selbst in dieser schweren Situation die Fassung nicht komplett verlierst, dann hast du eigentlich bereits gewonnen.

Du hast dir damals sicher auch ein Bild davon gemacht, wie du dir dein Leben mit deinem Partner vorstellst, bis ans Ende eurer Tage. Eventuell mit einer Familie. Nun hat dieses Bild Risse bekommen oder ist komplett kaputtgegangen. Ja, das gibt es. Ich habe mir jedoch auch ein ganz klares Bild meiner Zeit nach der Trennung gemacht. Ich sah mich glücklich, befreit und entspannt. Kein Dauerstreit mit meinem Ex, keine Kinder in einem zerstörenden Loyalitätskonflikt, weiterhin entspannten Kontakt mit meiner oder seiner Familie, mit unseren Freunden und Bekannten. Wir bleiben immer Familie und diese Trennung darf dies nie zerstören. Und heute kann ich voller Stolz sagen: Es ist uns allen ausgezeichnet gelungen, dieses Bild zu leben.

Ein großes Bravo und ein fettes Lob bekommen alle, die sich nach einer Trennung nach wie vor freundschaftlich und mit Respekt begegnen können. Seid dankbar für die schönen Momente in eurer Beziehung – die hat es sicher gegeben. Seid dankbar für die gemeinsame Vergangenheit und für die Entwicklung, die ihr wegen und miteinander machen durftet.

Niemand denkt an eine Trennung oder wünscht sich, dass der Partner einen verlässt. Aber es kann geschehen, das wissen wir alle. Wenn du da, trotz Verletztheit, trotz Wut und Trauer, etwas Positive darin sehen kannst und mit Zuversicht in die Zukunft blickst, dann sage ich dir BRAVO!

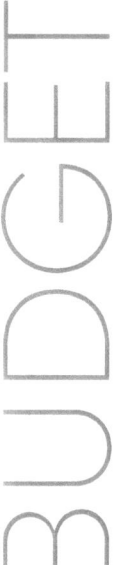

Egal, wie es um eure finanzielle Situation steht, mach dir dein eigenes Budget. Für dich allein, oder für dich und deine Kinder, Katzen, Hunde, etc. auf Basis deines momentanen Lebens, inklusive aller Hobbys und aller Ausgaben: und zwar von Ausgang (Benzin, Essen inkl. Tierfutter, Strom, Ferien, Kosmetik und Kleider, Lesen, Sport, Telefon, sämtliche Krankenkassen und Versicherungen) bis Zahnarzt. Einfach alles. Am besten nimmst du dafür den Rechnungsordner zur Hand. Falls du dich bis jetzt nicht um die Finanzen gekümmert hast, ist jetzt der richtige Zeitpunkt, damit zu beginnen. Geh jeden Posten durch und du wirst sicher erschrecken, für was alles ihr als Familie Geld ausgeben könnt. Der Punkt ist, sofern die Kinder bei dir bleiben, werden sich deine Ausgaben nicht stark verändern. Darum ist es notwendig, dir da einen exakten Überblick zu verschaffen.

Das mit der Dankbarkeit ist so eine Sache. Das Wort klingt so positiv und dennoch gibt es viele Situationen – gab es auch in meinem Leben –, wo ich mich ernsthaft fragte, wofür ich dankbar sein könne. Gerade dann, wenn du in einer schwierigen Situation feststeckst. Dann, wenn alles um dich herum zusammenzufallen droht und du das Gefühl hast, dein ganzes Leben müsse neu sortiert werden. Doch eigentlich hast du jeden Morgen beim Aufwachen Grund, dankbar zu sein. Für deine Gesundheit, dein Dach über dem Kopf und deine Familie. Und die Dankbarkeit für die eher schwierigen Momente in deinem Leben spürst du wohl erst im Nachhinein. Versuch dich bewusst darin, Dankbarkeit zu spüren. Du wirst sehen, es hat etwas Beruhigendes an sich. Du wirst dir plötzlich bewusst, was du eigentlich alles hast, und kannst deinen Ärger darüber, was du (noch) nicht hast, für kurze Zeit ablegen. Und wenn du dich mehr und mehr darin übst, hervorzuheben, was du hast, auch was du mit deiner Familie erreicht hast, entwickelt sich etwas sehr Positives in dir. Trotz Emotionen, Streitereien und einer Trennung hast du es geschafft, einen neuen Weg einzuschlagen. Und wieder ein Grund, dankbar zu sein!

Tue ich das Richtige? Wenn ich mich trenne? Wenn ich mich nicht trenne? Soll ich nicht abwarten für die Kinder? Ziehe ich besser jetzt den Schlussstrich für uns alle? Glaubt mir, ich war monatelang hin- und hergerissen. Und jeder und jede da draußen spürte meine Unsicherheit und eben mein Dilemma. Und alle meinten, mir „helfen" zu müssen mit gut gemeinten Tipps. Ihr wisst genau, ihr spürt genau, wann der richtige Zeitpunkt da ist. Und dann seid ihr bereit, den Schritt in ein neues Leben zu gehen. Lasst euch nicht ablenken durch niemanden, denn niemand geht in denselben Schuhen wie ihr.

# DISTANZ

Zeitliche und räumliche Distanz heilt. Auch wenn es anfangs schwierig für den einen oder für beide Partner ist, plötzlich so richtig allein zu sein. Macht euch dennoch die Mühe, bewusst eine Distanz zu schaffen. Wenn die Kinder dies nicht wollen, meldet für euch den Wunsch nach Alleinsein an. Das Alleinsein hat eine unglaubliche Kraft. Es kommen viele Gefühle hoch, man hat Zeit und Raum, diese anzuschauen und zu be- und verarbeiten. Verbringt man nach einer Trennung „zu viel" Zeit zusammen, fällt die Ablösung schwer. Und das ist ja, was man sich schlussendlich wünscht. Mit einer gewonnenen Distanz relativieren sich auch Gefühle – negative wie positive. Und es entsteht die Möglichkeit, wieder eine gesunde und vor allem neutrale Basis, wie das wünschenswert ist als Eltern, herzustellen.

Von wo bis wo geht Egoismus oder anders gesagt: Wo ist die Grenze zwischen Selfcare und Egoismus? Wenn sich die Mutter oder der Vater nach der Trennung kleinere Auszeiten erlaubt, um die Akkus zu laden, finde ich das absolut in Ordnung und sehr sinnvoll. Schlussendlich hilft das allen. Wenn aber dieselben das Gefühl haben, in dieser neuen Freiheit das Leben nachholen zu müssen, nur noch mit Abwesenheit respektive Unerreichbarkeit zu glänzen, finde ich das eher problematisch. Es geht nicht nur um sie, es hängen meist noch andere Personen in dieser Trennungssituation mit drin. Gerade die Kinder sind sehr angewiesen auf ein strukturiertes Danach. Egal in welchem Alter, Kinder brauchen die Eltern, oder einen Teil davon. Sie sollen zu Hause einen Platz haben, wo jemand Vertrautes für sie da ist, und ihnen hilft, die aufgewühlten Gefühle wieder etwas setzen zu lassen.

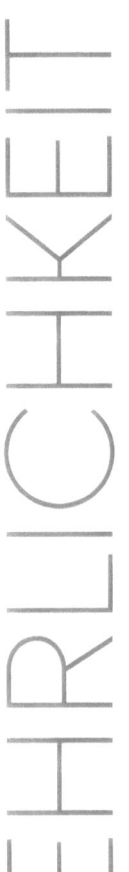

Ehrlichkeit ist für mich in einer Partnerbeziehung ein Eckpfeiler. Wohl weil ich ein gebranntes Kind in Sachen Unehrlichkeit bin. Ich bin auch überzeugt, je unehrlicher man ist, je mehr unehrliche Leute scharen sich um einen. Ehrlichkeit kann aber auch wehtun, nur, auf lange Sicht kommt man nur als ehrlicher Mensch weiter. Ehrliche, klare und freundliche Ansagen machen kostet vielleicht etwas Überwindung, aber es befreit unheimlich. Was nun, wenn die Kinder absolute Ehrlichkeit verlangen? Anlügen geht nicht, aber in Sachen Ehe oder Partnerschaft fand ich es nicht notwendig, auf alles eine Antwort geben zu müssen. Also argumentierte ich, dass gewisse Themen sie nichts angehen würden. Das wurde, meistens, gut akzeptiert.

Ein wenig eifersüchtig darf jeder sein, aber was heißt „ein wenig"? Wo ist die Grenze zu krankhafter Eifersucht? Wieso bist du eifersüchtig? Eifersucht kann mit ein Grund für ein Beziehungsende sein. Ist man jedoch nach der Trennung eifersüchtig auf den Partner, kann das sehr schwierig werden. Versuche, die Ursache deiner Eifersucht zu finden. Versuche, durch Distanz den Fokus ganz auf dich zu lenken. Vergleiche dein Leben nicht mehr mit dem neuen Leben deines Ex-Partners. Und vergleiche dich schon gar nicht mit seiner eventuell neuen Partnerin. Es wird sich immer ein Grund finden lassen, vermeintlich eifersüchtig zu sein. Schau, dass du glücklich wirst mit der neuen Situation, und sei dankbar über den Schritt, den ihr gemacht habt. Denn wenn du das schaffst, vergeht Unzufriedenheit und somit Eifersucht.

ELTERN

Sobald du dich entscheidest, mit deinem Partner eine Familie zu gründen und deine Kinder das Licht der Welt erblicken, trägst du eine große Verantwortung. Du meinst zu wissen, wie alles läuft. Aber in Wirklichkeit hast du keine Ahnung. Da entwickeln sich noch nie da gewesene Gefühle. Vielleicht entstehen Unsicherheiten oder Ängste? Was es wirklich bedeutet, Eltern zu werden und zu sein, lernst du nirgends – das erfährst du „on the job". Du freust dich für sie und du leidest mit ihnen. Egal ob deine Kinder drei oder dreißig Jahre alt sind, oder noch älter. Moralisch fühlst du dich bis zum Tode für sie verantwortlich. Und eben darum ist es von größter Wichtigkeit, sich dieser Verantwortung bewusst zu sein. Immer.

FAMILIE

Die Idee, dieses Buch zu schreiben, kam mir nur aufgrund der großen Bedeutung, die die Familie für mich hat. Zwei Menschen entscheiden sich füreinander, gründen eine Familie und werden, bis dass der Tod sie scheidet, eine bleiben. Die herkömmliche traditionelle Familie findet man heute immer weniger. Dennoch, egal ob unter einem Dach lebend oder getrennt, eine Familie verbindet und verpflichtet auch in gewissem Sinne. Ich sehe es als meine Verantwortung, meinen Kindern ein Familienbild zu präsentieren, das, wenn auch nicht in traditioneller Form, dennoch für alle gut funktionieren kann.

Ganz anders verhält sich das mit den Freunden. Die kommen und gehen. Die wahren Freunde bleiben, gehören beinahe zur Familie, auch nach einer Trennung. Dafür gibt es verschieden Gründe. Die einen kommen schlicht mit der Situation nicht klar, nicht jedermann liebt Veränderungen im Leben. Ich habe bemerkt, dass gewisse Personen unsere Entwicklung nicht ertragen konnten, weil sie sich dann mit der eigenen Situation hätten auseinandersetzen müssen. Diese Personen haben sich folglich von einem von uns oder von uns beiden abgewendet. Verständlich einerseits, selten schade. Da macht man sich dann doch mal Gedanken über die Tiefe dieser Freundschaft. Anderseits ist es absolut legitim, wenn sich Freunde bewusst für einen der beiden Getrennten entscheiden. Es entstehen keine Gewissenskonflikte und eine Freundschaft kann dennoch bestehen bleiben. Es braucht aber auf jeden Fall von allen Seiten sehr viel Toleranz, Nachsicht und Verständnis. Auch da ist es wichtig, den Fokus auf sich und sein sehr enges Umfeld zu richten. Je mehr man sich mit zu vielen Leuten austauscht, je mehr Verwirrung entsteht. Jeder der beiden Partner sollte die Möglichkeit haben, seinen Kreis des Vertrauens und der Unterstützung zu haben.

Das liebe Geld. Schlussendlich ist das Geld Dreh- und Angelpunkt in einer Trennung oder Scheidung. Die ehemals gemeinsame Kasse muss geteilt werden, egal wer mit wie viel Lohn zum Haushalt beigetragen hat. Aus einem Haushalt entstehen plötzlich zwei und je nachdem, welche Ansprüche jeder hat, kann es für beide teuer oder sehr teuer werden. Es ist möglich, auch hier eine faire und gangbare Lösung für alle zu finden. Macht euch euer eigenes Budget und schaut es euch zusammen an. Was nützt es euch beiden, dem anderen möglichst viel Geld aus der Tasche ziehen zu wollen? Ihr schadet euch allen. Jeder muss ein Leben weiterführen können, eventuell an einem neuen Ort. Jeder braucht seinen täglichen Bedarf gedeckt und hat ein Anrecht auf Freizeit, Sport und Ferien. In welchem Maße ihr das organisiert, das muss dann angeschaut werden. Je mehr und je länger ihr euch um das Geld streitet, desto bitterer und teurer wird die Angelegenheit. Und wenn nun einer sagt, Geld ist nicht alles: Ja, das stimmt. Aber, ihr müsst weiterhin den Kühlschrank füllen, Versicherungen zahlen und euch ab und zu mal etwas leisten können.

Man sollte meinen, dass in der heutigen Gesellschaft verschiedenste Formen des Zusammenlebens akzeptiert werden. Sobald du aber die Menschen um dich herum vor die Tatsache deiner neuen Lebensform stellst, bekommst du wenig Zuspruch. Obwohl es ja um dich und nicht um sie geht ...?! Veränderung ist oft sehr schwierig anzunehmen. Darum ist es das Wichtigste, dass du dir deiner Handlungen bewusst bist und klare Ziele vor Augen hast. Denn nur so entkommst du der lauten und leisen Kritik, wenn du dich nicht (mehr) in gesellschaftlichen Normen bewegst.

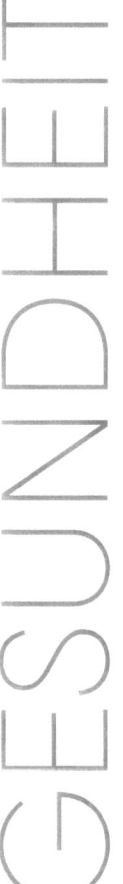

Gesundheit ist das höchste Gut. Nichts auf der Welt nützt dir etwas, wenn du nicht gesund bis. Also achte darauf. Speziell in einer Ausnahmesituation wie der Trennungsphase – und das ist eine Ausnahmesituation – musst du sehr auf dich achten. Versuch trotz Kummer, der dir eventuell auf den Magen schlägt, dich gesund zu ernähren. Geh viel an die frische Luft, auch bei Regen und Schnee. Mach regelmäßig Sport; das befreit den Kopf und du fühlst dich wohl in deinem Körper, was dir wiederum Selbstvertrauen gibt. Nimm Vitamine und pflanzliche Mittel, die deinen Körper unterstützen. Trink genügend frischen Tee und versuch, viel zu schlafen. Wenn du am Abend nicht einschlafen kannst oder mitten in der Nacht mit Herzrasen erwachst, mach Atemübungen oder lies ein paar Seiten. Genügend Schlaf ist das Wichtigste. Dein Körper muss sich regenerieren und du klinkst dich für ein paar Stunden aus. Und ganz wichtig, aber oft sehr schwierig: Mach dir handyfreie Zeiten. Das trägt dazu bei, dass der Lärm in deinem Kopf nicht noch lauter wird!

GLÜCK

Glück bedeutet für jeden etwas anderes. Ich bin viel glücklicher, seit wir uns getrennt haben. Obwohl eine Trennung extrem viel von einem abverlangt – emotional, administrativ, finanziell –, es bleibt nichts mehr, wie es war. Aber nur du allein bist für dein Glück verantwortlich. Und so kannst du auch aus einer neuen Lebensphase neues Glück schöpfen. Halte dir immer wieder vor Augen, was sich verbessert hat durch die neue Situation. Mit welchen Problemen du dich nicht und nie mehr auseinandersetzen musst. Und halte dir dein Ziel vor Augen: die glücklich getrennte Mutter und Ex-Frau. Schau aber auch deine unglücklichen Phasen genau an, von diesen wirst du noch so einige durchlaufen. Wieso bist du nun unglücklich? Was kannst du dagegen machen, dass du glücklich(er) wirst? Hör auf dich, schau dich an, vergleiche dich nicht mit anderen Menschen in deinem Umfeld. Zeige der Welt und vor allem dir, dass du auch auf einem anderen Weg glücklich werden kannst.

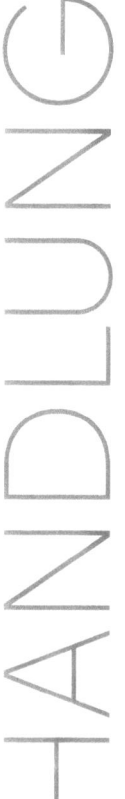

Eventuell bist du vor lauter Trauer und Wut unfähig, einen klaren Gedanken zu fassen, geschweige denn, etwas zustande zu bringen. Das musst du rasch ändern. Indem du „etwas tust". Das gibt deinem Tag Struktur. Es gibt so viele kleine und große Dinge zu erledigen momentan. Mach dir eine Liste von allem, was du abklären, organisieren und zusammentragen musst: Anwalt, Budget, psychologische Unterstützung, selfcare. Nimm dir jeden Tag mindestens einen Punkt vor, den du abarbeiten kannst. Ziel ist es, eine Aufgabe zu haben und diese bis am Abend zu erledigen. Du bist währenddessen abgelenkt und abends kannst du etwas mehr von deiner Liste streichen. Wenn du dann ins Bett gehst, weißt du, dass du dich am nächsten Tag darum nicht mehr kümmern musst. Konzentriere dich aber nicht nur auf solche Aufgaben. Nimm dir auch vor, lange Spaziergänge oder einen Termin bei deinem Friseur zu machen.

Die totale Harmonie erwartet niemand nach einer Trennung und die gibt es auch nicht. Versuche jedoch, Verständnis für das Verhalten anderer aufzubringen. Wenn das nicht geht, akzeptiere, was jeder denkt und tut. Die Situation ist schwierig und jeder geht anders damit um. Ihr lebt nun als getrennte Eltern weiter und müsst das Familienboot über Wasser halten. Dafür braucht es keine Harmonie, aber einen respektvollen Umgang und viel Toleranz und Geduld.

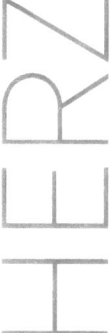

Genau um dieses geht es hier. Auch wenn es dir vielleicht gebrochen wurde, versuche dennoch, mit offenem Herzen weiterzugehen. Wenn dein Partner seine schlechteste Seite zeigt, zeige ihm und der Welt deine beste. Versuch nicht, im Zustand des gebrochenen Herzens hängen zu bleiben, sondern geh weiter. Stell dir vor, wohin du kommen möchtest. Wie sich diese schlechte Lage für dich und deine Familie zum Besseren wenden kann. Handle aus dem Herzen und nicht aus Wut, Ärger oder Verletztheit. Denn nur so bringst du dein Gegenüber dazu, auch aus dem Herzen zu handeln.

IDEALISMUS

Wahrscheinlich sehen einige von euch in mir die hoch-gradig realitätsferne Idealistin. Ich hatte Zeiten, wo ich kaum jemandem mehr trauen konnte, nicht wusste, ob das Versprechen von heute morgen noch gültig ist. Ich war traurig, wütend, verzweifelt, wusste zeitweise weder ein noch aus. Hätten wir keine Kinder gehabt, hätte ich meine Sachen gepackt und wäre gegangen. Aber wegen der Kinder war das für mich keine Option. Ich habe damals Ja gesagt zu ihm und zu unserer Familie und mein oberstes Ziel war es, für alle Beteiligten die beste Lösung zu finden. Und heute kann ich stolz sagen: Wir haben es geschafft und es geht uns allen besser.

Meine, respektive unsere Kinder sind das Beste, was mir je passiert ist. Das Wertvollste. Darum war es für mich auch extrem wichtig, diesen Kinderseelen nicht noch mehr zu schaden mit einem Rosenkrieg. Ich hatte sehr lange ein schlechtes Gewissen, wollte den beiden eine intakte Familie ermöglichen, aber es kam anders. Für uns war dann rasch klar, dass wir mit der Bekanntgabe der Trennung warten, bis die Kinder ein gewisses Alter hatten und in ihrer Entwicklung und Ausbildung an einem gewissen Punkt angekommen sind. Wir stellten unser Ego und unseren Wunsch nach getrennten Wegen noch in den Hintergrund. Vielleicht scheint das aus psychologisch-pädagogischer Sicht suboptimal, aber bei uns hat es sich ausgezahlt. Wie mir heute unsere beiden erwachsenen Kinder auch bestätigen können.

KLARHEIT

Sobald ich absolute Klarheit hatte über meine Situation, darüber, was ich wollte (nicht, was ich nicht mehr wollte; großer Unterschied!), kam ich in kurzer Zeit sehr weit. Ich musste mich nicht mehr dauernd erklären und rechtfertigen für meine Ideen und Handlungen. Denn es war allen klar: Sie weiß, was sie will, und ist auf ihrem Weg. Du strahlst etwas aus, was dein Gegenüber „entmachtet". In deinen Worten liegt eine Bestimmtheit, an der niemand mehr zweifelt. Und, auch wenn Emotionen im Spiel sind, du bleibst dennoch sachlich. Was kann dir Besseres geschehen, als so eine Situation ohne wüste Diskussionen und Tränen auf den Tisch zu bringen? Du bist authentisch und eben klar!

Die große Liebe, die wahre Liebe, die enttäuschte Liebe ... Was ist Liebe? Heute sehe ich die Liebe ganz anders als vor knapp dreißig Jahren, als ich meinen Ex-Mann kennenlernte. Egal, wie du die Liebe definierst, denk immer daran: Ihr habt aus Liebe zueinandergefunden, vielleicht geheiratet und eine Familie gegründet. Wenn du diesen Punkt nie vergisst, dann bin ich überzeugt, kannst du dich auch mit Liebe oder eben mit Herz und nicht mit Hass trennen.

LOSLASSEN

Beim Thema Loslassen wirst du aufs Härteste geprüft. Loslassen begleitet einen ja permanent durch das ganze Leben. Lässt du nicht los, bleibst du in der Vergangenheit hängen und kommst nicht weiter. Ich behaupte mal, Loslassen wird mit zum schwierigsten Thema in diesem Trennungsprozess – vor allem dann, wenn du nicht loslassen wolltest! Aber ich weiß auch: Je besser und schneller du loslassen kannst, desto schneller kommst du mit deiner Familie im Trennungsprozess voran. Worauf kommt es an? Du musst Vertrauen haben in das, was danach kommt, ins Unbekannte und Neue. Dafür musst du akzeptieren können, dass nichts mehr so sein wird, wie es mal war, aber alles besser wird. Dafür kannst du mit deinem Handeln Verantwortung übernehmen. Denn nur du kannst an deiner Situation etwas ändern, und das willst du ja schließlich!

Ich weiß heute, je mehr du deinen Partner, deine Kinder und somit auch dich selbst anlügst, desto mehr Lügner ziehst du in dein Leben. Schlussendlich sitzt du auf einem fiesen großen Haufen aus Lügen, umgeben von Lügnern. Und da mal wieder herauszukommen, gestaltet sich extrem schwierig. Überleg dir einmal, was eine kleine Lüge lostreten kann; schlechtes Gewissen, Chaos im Kopf, Unsicherheiten, wem habe ich was erzählt, wer weiß was? Und plötzlich befindest du dich mitten in einem unüberschaubaren, schmerzhaften Chaos. Darum rate ich dir: Lass dich gar nicht erst aufs Lügen ein.

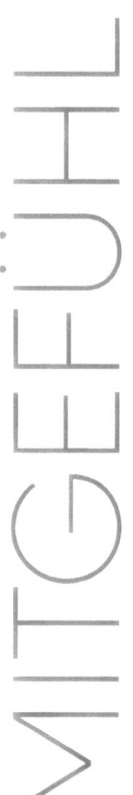

Mitgefühl brauchst du unbedingt. Es wird so viele Situationen geben in dieser Zeit der Trennung, in die du dich einfühlen können musst. Das Mitgefühl ist die Vernunft, die zwischen dem spontanen, distanzlosen Mitempfinden und dem kalt-distanzierten Verstand vermittelt. Zwischen deinen Gefühlen, die dich überrollen, und deinem Verstand, der dich hart werden lässt. Mitgefühl kann sich sehr positiv auswirken und deinem Gegenüber helfen, mit der momentanen Situation besser klarzukommen. Aber Mitgefühl kannst du nur dann haben, wenn du mit dir und der Situation selbst im Reinen bist.

Ja, es braucht Mut, sich zu trennen. Du triffst eine Entscheidung, die du trotz der zu erwartenden Hürden für richtig hältst. Eine Trennung ruft keine positiven Assoziationen hervor. Kaum jemand wird sich mit dir über deine Entscheidung freuen. Du bekommst Ratschläge, Bedenken oder Warnungen zu hören. Ist nett gemeint, nützt dir aber wenig. Denn du ganz allein musst diesen Weg gehen und niemand kann dir auch nur einen kleinsten Teil deines Schmerzes, deiner Sorgen oder Ängste abnehmen. Umso mehr: Bereite dich vor, handle überlegt.

Ein Gefühl, das wohl jeder kennt. Die Menschen können tatsächlich neidisch auf deine Trennung sein? Ja, das können sie. Aus den unterschiedlichsten Gründen; du bringst den Mut auf, deine Situation zu verändern. Du brichst dabei nicht komplett zusammen. Es geht dir nachher viel besser, physisch wie psychisch. Deine Familie hält immer noch zusammen. Du lebst eine neue Freiheit. Es ist nicht wirklich aufbauend, wenn du den Neid der anderen spürst. Aber wie sagt man? Neid sei die höchste Form von Bewunderung? Dann nimm diesen Gedanken mit und versuch, den Neidern keine Beachtung zu schenken.

Du wirst dich oftmals macht- und hilflos fühlen auf dem Weg durch die Trennung. Das ist normal. Es wird Situationen geben, wo du keine Unterstützung spürst, deine Kinder sich vielleicht gegen dich wenden und du sowieso das Gefühl hast, niemand verstehe dich. Konzentriere dich dann auf dein Ziel und deine Aufgabe. Du hast dich entschieden, dich zu trennen, das ist dein Plan. Du hast ein Bild deiner Zukunft vor Augen. Und jetzt schau in dich hinein; wer oder was macht dich ohnmächtig? Welche Aussagen oder Handlungen anderer bringen dich aus dem Gleichgewicht? Geh gedanklich zurück auf Feld 1, rufe dir in Erinnerung, was du wirklich willst. Dann kannst du deine Ohnmacht überwinden.

Mach dich nicht zum Opfer einer Situation. Als Opfer erreichst du gar nichts. Du versinkst in Selbstmitleid und bist unfähig zu handeln. Auch wenn dein Partner dich verlassen, betrogen oder miserabel behandelt hat, es braucht immer zwei für eine Situation. Übernimm jetzt erst recht Verantwortung für dich und dein Handeln, für die ganze Situation. Steh auf, denke, rede und handle. Denn nur so kommst du deinem Ziel näher.

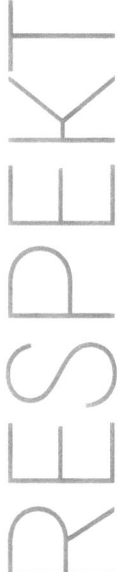

Welche Gründe auch immer zu eurer Trennung geführt haben, versuch dennoch, deinem Partner mit Respekt zu begegnen. Das mag dann besonders schwierig sein, wenn du selbst respektlos behandelt wirst. Immer in einer Partnerschaft und ganz besonders in der Phase der Trennung hat dieser Punkt höchste Priorität. Denn hat der Umgang miteinander erst mal ein gewisses Level an Respektlosigkeit erreicht, gibt es kein Zurück mehr. Eine anständige und zielführende Kommunikation wird unmöglich und eine gute Trennung erst recht. Und vor allem – und darum finde ich diesen Punkt so enorm wichtig – sobald du ebenso in diese respektlose Haltung verfällst, bist du nicht mehr bei dir. Du wirst emotional, vielleicht laut, verlierst die Kontrolle über die Situation, über dich. Versuche immer, Haltung zu bewahren. Stell es dir bildlich vor; halte die Körperspannung, hab dein Ziel vor Augen und behandle dein Gegenüber so, wie du auch gern behandelt werden möchtest.

Schuld zuweisen – das tönt nach „mit dem Finger auf jemanden zeigen" und die Verantwortung nicht übernehmen wollen. Wer ist schuld, wenn eine Beziehung zu Ende geht? Kann überhaupt nur einer schuld daran sein? Sofern du betrogen worden bist oder eine Drittperson der Auslöser für eine Trennung ist, dann hat im ersten Moment der andere die „Schuld" an der ganzen Situation. Das kann ich gut nachvollziehen. Doch wie wäre es, anstelle den anderen mit Schuldzuweisungen zuzudecken, ihn oder sie sprechen zu lassen? Das kostet einiges an Disziplin und Mut. Der Partner oder die Partnerin soll nicht in den höchsten Tönen von der Affäre schwärmen, auf keinen Fall. Aber was fühlt sie/er dabei? Welche Vorkommnisse und Gefühle haben sie/ihn überhaupt in eine Nebenbeziehung gebracht? Es ist sicher unheimlich schwierig, dem (Ex-)Partner in dieser Situation gegenüberzusitzen und zuzuhören, nicht dazwischen zu schreien. Aber versuch es; es klärt die Situation mittelfristig sicher besser. Und zeigen sich beide gegenseitiges Verständnis und Respekt ist dies ein erster, notwendiger Schritt, eine ganz schmutzige Trennung zu vermeiden.

Ja klar, du fühlst dich als der bemitleidenswerteste Mensch auf Erden. Niemand liebt dich, niemand versteht dich, niemandem ist je etwas so Ungerechtes widerfahren. Lass dich ins Selbstmitleid fallen, bade darin und sei traurig. Aber nicht zu lange. Es bringt dich nicht weiter. Es frustriert und macht dich nur noch trauriger. Und vor allem: Du fokussierst dich auf dein Problem und nicht auf die Lösung. Versuch spätestens nach einem Tag in tiefstem Selbstmitleid, den nächsten mit einer Struktur zu starten. Das hilft dir, dich auf dein Ziel zu konzentrieren. Du bist abgelenkt und tust etwas für dich, fokussierst dich eben auf die Lösung und trittst damit viel selbstsicherer auf. Eine Spirale beginnt sich so wieder nach oben zu drehen.

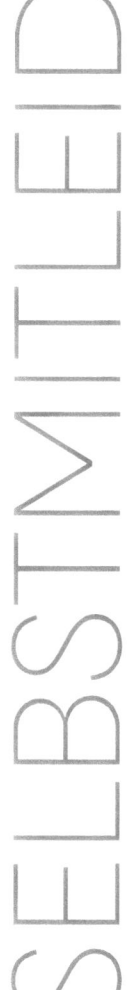

SELBSTMITLEID

Dein Leben mag momentan recht chaotisch sein. Und so meinst du, keine Zeit für selfcare zu haben, da du dich ja um die ganze Organisation deines neuen Lebens kümmern musst. Ja, es mag chaotisch sein und du bist emotional so durcheinander, dass du kaum einen klaren Gedanken fassen kannst. Genau darum ist es so wichtig, dich um dich selbst zu kümmern. Ich meine da nicht Ferien oder Wellness-Wochenenden, aber einige Minuten pro Tag, die nur dir gehören. Meditiere, mach Atemübungen oder einen Spaziergang, nimm ein Bad oder lies ein paar Seiten in deinem Lieblingsbuch. Versuche dabei, den Lärm in deinem Kopf etwas zu dimmen und deine Gedanken neu zu ordnen. Wichtig dabei: Es soll dich niemand stören; kein Telefon, keine WhatsApp, kein Kind. Also Flugmodus rein, Tür zu. Wenn du es schaffst, dir täglich wenige Minuten Auszeit zu nehmen, dann kannst du dich schon am Abend auf den folgenden Tag und deine Zeit-Oase freuen. Du wirst sehen, das wirkt Wunder.

Das, was du während einer Trennung durchmachst – auch davor und danach –, ist kein Spaziergang. Dennoch finde ich Spaziergänge etwas Geniales; du bist an der frischen Luft und es befreit den Kopf. Das Wertvollste an einem Spaziergang für mich war jedoch die Möglichkeit, schwierige, aber konstruktive Gespräche zu führen. Im Gehen lassen sich Worte besser finden und du musst dem Gegenüber dabei nicht mal direkt in die Augen schauen. In diesem Fall ist das nicht unfreundlich, sondern kann sehr nützlich sein. Probier es aus!

SPAZIERGANG

Was du jetzt brauchst, ist eine Struktur, die dich durch den Tag bringt. Mach dir einen Plan, was du bis wann erreicht haben willst. Vor lauter Tränen, Wut und anstehenden Veränderungen ist es naheliegend, dass du dich in deinen Gedanken verlierst und erst wieder „zu dir" kommst, wenn die Sonne am Abend untergeht. Und das ist komplett kontraproduktiv. Du willst dich weiterentwickeln, mit der neuen Situation klarkommen, hast ein Ziel vor Augen. Du hast ein Bild von dir und deinem neuen Leben im Kopf. Und das zu erreichen gelingt dir besser mit einem strukturierten Tagesablauf.

Jeder und jede da draußen maßen sich an, dir irgendwelche Tipps zu geben, meist ungefragt. Sei vorsichtig! Denn in dieser Situation bist du oft unausgeglichen unterwegs und sehr froh um jede Hilfestellung, die sich dir bietet. Vielleicht weinst du bei deinen Freunden und redest viel mit deiner Familie. All diese Menschen wollen dir eigentlich nur helfen, aber schrecken auch vor zu großen Veränderungen in deinem und somit auch in ihrem Leben zurück. Und dann wirst du beraten, obwohl niemand deine Situation so gut kennt wie du und weiß, wie du dich fühlst. So können also diese Tipps und gut gemeinten Ratschläge nur zu zusätzlicher Unsicherheit führen. Wenn du dich beraten lassen möchtest, suche eine neutrale Fachperson auf, der du vertrauen kannst.

TOLERANZ

Toleranz ist unabdingbar im ganzen Leben. Doch verlier dich dabei nicht – ich weiß, wovon ich rede. Du kannst jemanden gewähren lassen, solange du bei dir bleibst. Höre oft in dich hinein, vor allem dann, wenn du so ein Bauchgefühl hast, ein ungutes. Halte rasch inne und frage dich: Bin ich wirklich „nur" tolerant oder verbiege ich mich bereits? Passt es für mich noch, fühle ich mich wohl dabei? Während meiner Trennung prallten oft mein Ego und meine Toleranz aufeinander. Dann versuchte ich, herauszufinden, was gerade stärker war und auf welches Gefühl ich vertrauen konnte. Meistens war es dann so, dass mein Ego aufgrund früherer Vorkommnisse verletzt war und ich darum nicht mehr tolerant sein wollte. Aber ich merkte dann, nach einer gewissen Zeit des „in mich Gehens", dass tolerant sein nicht an meinem Ego kratzt, sondern mich und somit auch uns nur weiterbringt.

Du wirst unter einer Trennung leiden, auch wenn du diese Entscheidung bewusst getroffen hast. Schon rein die Tatsache, dass du dich von einer ehemals geliebten Person wegbewegst, eine Familie dadurch auseinandergerissen wird und danach nichts mehr ist, wie es einmal war, bringt dich komplett aus dem Gleichgewicht. Eine Beratung hilft dir unheimlich. Vielleicht denkst du, „ich schaffe das ohne fremde Hilfe". Ja, würdest du vielleicht, irgendwann. Aber eine außenstehende Person (Coach, Therapeut) weist dich auf Dinge hin, die du aus deiner Perspektive nicht sehen kannst oder willst. Dies kann eine Lawine von neuen Erkenntnissen auslösen. Vermeintlich unüberbrückbare Hürden werden plötzlich überwindbar oder verschwinden ganz. Hol dir diese Hilfe. Du kommst damit schneller und gesünder ans Ziel.

UNTERSTÜTZUNG

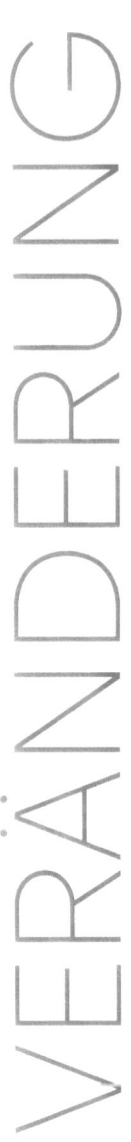

VERÄNDERUNG

Tun wir Menschen uns nicht generell schwer mit Veränderungen? Und speziell dann, wenn du das (falsche) Gefühl hast, dass danach alles schwieriger sein wird. Ich habe es mir irgendwann zum Ziel gemacht, eine anstehende Veränderung nicht mehr als unüberbrückbares Hindernis zu betrachten, sondern als Herausforderung, die mich weiterbringen wird. Und darum wollte ich jede noch so unangenehme Aufgabe, die bevorstand, einfach anpacken und erledigt wissen. Und seit ich diese Einstellung habe, bei allem die positive und nicht die dunkle, negative Seite sehe, gelingt es mir, Aufgaben angstfrei anzupacken und mich auf die veränderte Situation zu freuen.

Lass die Vergangenheit ruhen, heißt es. So einfach ist das nicht. Doch extrem wichtig im Trennungsprozess. Denn je weniger du in der Vergangenheit hängen bleibst, umso besser kommst du voran. Mit der Trennung, mit deiner Weiterentwicklung und schlussendlich mit deinem ganzen Leben. Träumst du wehmütig den schönen Zeiten nach, die ihr hattet, bist du nur traurig und diese Trauer bestimmt jeden deiner Tage. Dasselbe, wenn du wütend bist auf deinen Ex-Partner; deine Wut beeinflusst deine Entscheidungen, ist Stimmungsbarometer für alle Beteiligten und letzten Endes steht und fällt der ganze Prozess mit dir. Es kostet natürlich einiges an Stärke, die Vergangenheit ruhen zu lassen. Nachtragend sein oder in der Vergangenheit hängen bleiben schadet nur dir selbst. Darum geh stark und stolz in dein neues Leben.

# VERLUSTANGST

Das kennt ihr, oder? Die Angst davor, etwas zu verlieren, nicht mehr in seinem Leben zu haben. Doch macht euch mal Gedanken darüber, was dieses „Etwas" genau ist? Ist es wirklich der Mensch, mit dem man viele Jahre zusammen war oder sind es etwa die ganzen Nebengeräusche? Das Familiengebilde, das Vertraute, der gemeinsame Alltag und vielleicht auch viele Diskussionen und Spannungen? Ja, es wird nach der Trennung nichts mehr so sein wie früher und daran muss man sich erst gewöhnen. Eine (An)Spannung ist weg und es wird zunächst ein Vakuum geben. Man hat plötzlich freie Zeit und einen freien Kopf. Diskussionen entfallen, gewisse Muster und Gefühle entstehen nicht mehr. Eine Leere macht sich breit. Wenn du dich mit dieser Leere intensiv auseinandersetzt, was wehtun kann, merkst du, dass diese Angst unbegründet ist. Wenn etwas geht oder gehen muss, kommt etwas Neues, Besseres nach. Vertrau darauf. Nutze diese leeren Momente bewusst, um einfach mal nichts zu tun oder dir deine neue Zukunft zu visualisieren.

Gut, wenn dein Partner dir am Neujahrsmorgen mit gepackten Koffern in der Tür stehend mitteilt, dass er dich wegen einer anderen Person verlässt, dann hast du kaum Zeit, dich vorzubereiten. Aber in dem Fall, wo du oder ihr beide eine Trennung in Erwägung zieht, ist es unabdingbar, sich darauf vorzubereiten. Da stehen einerseits die rechtlichen (Anwalt) und finanziellen (Budget) Abklärungen, die zu machen sind. Anderseits die räumliche Aufteilung; wer wohnt wo mit wem und wie. Redet miteinander, macht Notizen, Mindmaps. Bezieht, je nach Alter, auch die Kinder mit ein. In dieser Vorbereitung dürfen auch Emotionen Platz haben. Durch das gemeinsame Planen kann bereits vieles verarbeitet werden und der Weg in eine friedliche, aber getrennte Zukunft ist leichter.

VORBEREITUNG

Als Eltern möchtest du Vorbild sein für deine Kinder. Und das wissen wir, ist alles andere als einfach. Es geht doch weniger darum, was wir unseren Kindern erzählen, sondern was wir ihnen vorleben. Und genau in einer Situation, die traurig und äußerst belastend ist, kannst du deinen Kindern zeigen, wie du damit umgehst. Es geht hier nicht darum, den Kindern die immer glückliche Familie vorzuleben, sondern ihnen beizubringen, wie sie mit Konflikten im Falle einer Trennung umzugehen haben. Es ist traurig genug zu erleben, dass die Eltern nicht mehr unter einem Dach leben. Umso wertvoller ist es doch zu sehen, dass es zwischen einem Rosenkrieg und dem perfekten Familienleben noch viele lehrreiche und interessante Facetten gibt.

Vielleicht hätte ich dieses Stichwort an den Anfang setzen sollen – als Schlüsselwort. Aber dann hätten einige von euch nicht weitergelesen; ohne Wohlwollen kannst du eine Trennung mit Herz sogleich begraben. Es hört sich schwierig und beinahe nicht umsetzbar an, aber es ist möglich. Ich weiß es. Egal was geschehen ist, egal wie eure Geschichte geendet ist, begegne deinem Ex-Partner mit Wohlwollen. Wenn das absolut nicht geht, dann begegne der ganzen Situation mit Wohlwollen. Es ist eure Geschichte, die es zu lösen gilt, und du steckst da mittendrin. Wenn du diese ganze Geschichte nur mit Angst, Chaos und Hass assoziierst, dann steckst auch du mitten im Chaos. Verstehst du?

WOHLWOLLEN

Gibt es einen Zeitpunkt, an dem man sich trennen soll? Ist der dann richtig oder falsch oder bestmöglich? Den richtigen Zeitpunkt dazu gibt es sicher nicht. Aber ich bin überzeugt, mit der zeitlichen Planung des ganzen Prozesses kann man den großen Schaden etwas begrenzen. Vielleicht solltest du die Trennung nicht vor der Abschlussprüfung der Kinder oder am Weihnachtstag verkünden? Vielleicht sollte man sich als Eltern besprechen und auch hier (hoffentlich nicht nur hier) das eigene Ego ganz hintanstellen. Es geht nicht darum, auf alle und jeden Rücksicht zu nehmen, aber die, die am meisten betroffen sind, die musst du oder müsst ihr in den ganzen Ablauf mit einbeziehen. Das bedingt natürlich immer, dass du und dein Partner euch auch entsprechend austauschen und verhalten könnt. Damit meine ich nicht, einen auf glückliches Ehepaar machen. Aber zwischen dem und sich den ganzen Tag streiten gibt es viele Möglichkeiten.

Auch das Stichwort Zukunft hätte ich ebenso an den Anfang stellen können. Male dir ein Bild deiner nahen Zukunft, deinem Leben nach der Trennung aus. Visualisiere, wie du leben möchtest, wie die ganze Trennung vonstattengehen soll. Wie ist das Verhältnis danach mit deinem Ex-Partner? Deinen Kindern? Deiner Familie und den Freunden? Wenn du das weißt und weißt, was du in Zukunft haben möchtest – nicht was du nicht mehr möchtest, das ist ein großer Unterschied –, dann bist du auf dem besten Weg, dies auch zu erreichen.

NACHWORT

Eigentlich ist die schönste Erfahrung, die ich beim Schreiben gemacht habe, das Bewusstwerden, dass ich wirklich jeden einzelnen Punkt so lebe, respektive gelebt habe. Ich habe den lebenden Beweis, dass es funktionieren kann, dass eine Trennung nicht ein traumatisches Erlebnis sein muss, sondern ein wertvoller, lehrreicher Abschnitt in deinem Leben. Euch wünsche ich, dass ihr es ebenso erleben dürft.